독립운동가이자 시인,
## 만해 한용운

# 머리말

만해 한용운(1879~1944)은 우리 민족을 대표하는 시인이자, 스님이자, 독립투사였습니다. 암울한 일제 강점기를 살면서 시대의 지식인으로서, 민족의 선각자로서 중생들의 사상을 이끌었고, 단 한 번도 일제의 강압에 머리 굽힌 적 없이 당당하게 그들에게 호통치면서 우리 민족의 독립을 위해 애쓰셨습니다.

3·1 독립운동을 가장 선봉에 서서 이끌었으며, 최고형인 3년형을 언도 받고 감옥에서조차도 '수행하는 마음자세로 변호사를 대지 말 것, 사식을 대지 말 것, 보석을 요구하지 말 것' 등의 옥중투쟁 3대원칙을 지켜나갔습니다. 또한 일제가 3·1운동을 회개하는 참회서를 제출하면 용서해 주겠다고 회유하였으나 나라의 독립을 위한 것이 무슨 잘못이냐며 한마디로 거절하였습니다. 1921년 3년형을 마치고 난 후 곧바로 법보회를 조직하여 독립사상 고취를 위한 많은 강연을 하였으며, 1925년는 오세암에서 불후의 명작『님의 침묵』을 탈고하였습니다. 그 후에도 신간회의 중앙집행위원 겸 경성지회장에 선출되어 여러 제자들과 함께 일제의 지배에 맞섰으며 불교의 대중화에도 힘을 쏟았습니다.

일제 총독부가 보기 싫다며 집의 방향까지도 북향으로 짓고 사는 등 철저한 애국애족과 반일, 항일 사상으로 평생을 사셨던 스님께선 딸 영숙에게 일본글자는 글자도 아니라며 못 배우게 하셨을 정도였습니다. 결국 식량이나 생활용품의 배급에서조차 제외되는 어려운 삶 속에서 사무치는 조국독립에의 열정을 시로 읊었으나 아쉽게도 조국의 독립을 한 해 앞두고 '심우장'에서 영양실조로 인하여 돌아가셨습니다.

스님의 존경스러운 모든 면모를 부족한 글과 그림으로 미처 다 표현하지 못한 점 내내 아쉽지만 독자 여러분들의 너그러운 양해를 바라며, 금봉이의 해설과 함께 재미있게 만화를 보시고 스님의 강직한 정신을 가슴에 새겨보는 기회가 되셨으면 합니다.

만화가 민강珉崗 정수일

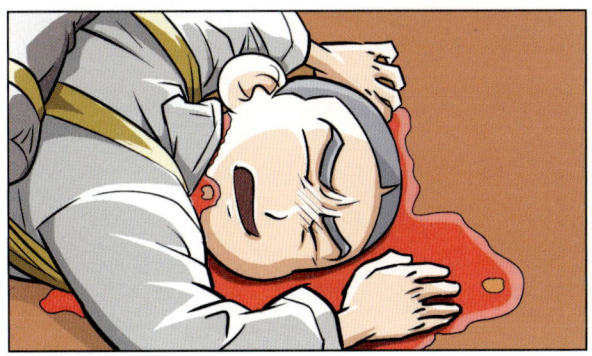

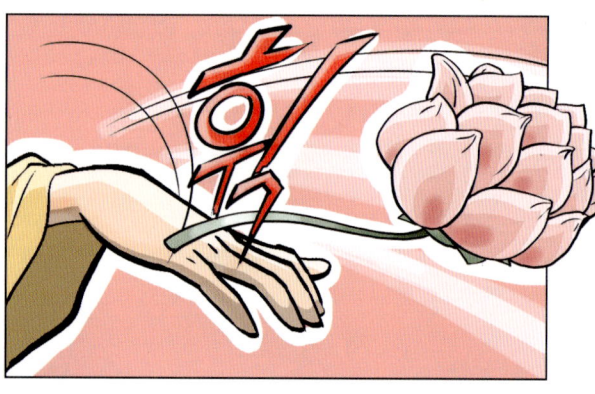

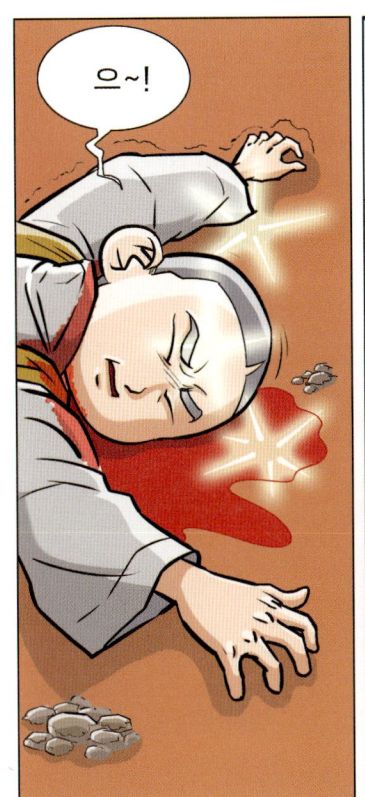

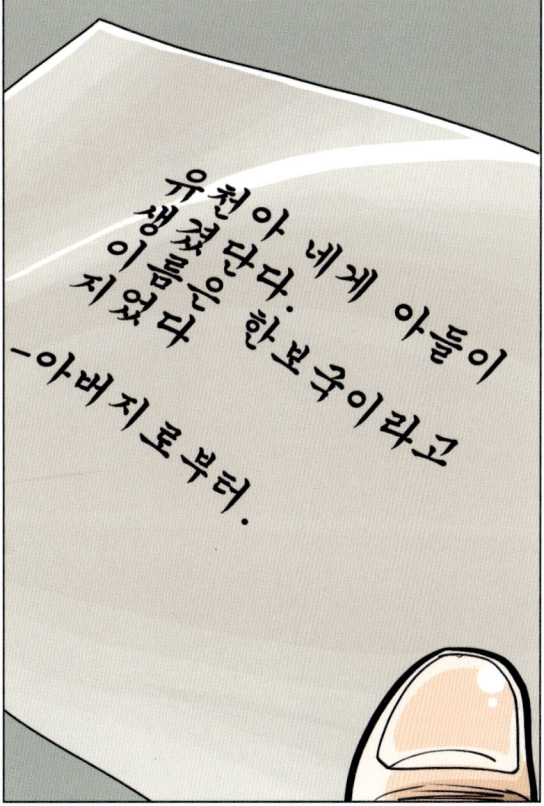

## 복종

남들은 자유를 사랑한다지만
나는 복종을 좋아하여요.
자유를 모르는 것은 아니지만
당신에게는 복종만 하고 싶어요.
복종하고 싶은데 복종하는 것은
아름다운 자유보다도 달콤합니다.
그것이 나의 행복입니다.
그러나 당신이 나더러
다른 사람을 복종하라면
그것만은 복종할 수가
없습니다.
다른 사람을 복종하려면
당신에게 복종할 수가 없는
까닭입니다.

아버지 제자들 덕분에 오늘은 방이 따뜻하네.

쿨~

이런, 그새 잠이 들었구나.
나무관세음보살.

잘들 자거라.

조선의 7천 승려를 다 합해도 만해 한 사람을 당하지 못할 것이다! 만해 한 사람을 아는 것이 만 명의 다른 사람을 아는 것보다 나을 것이다!

조선의 7천 붕어를 다 합해도 나 금붕이를 아는 것보다 못할 것이다!

만해스님은 강직하고 올바른 성품 때문에 항상 가난하게 사셨는데 그것을 알고 일본 총독부에서는 스님을 일본인으로 만들기 위해 많은 유혹을 하였답니다.

스님, 창씨개명을!

이런 정신 나간 놈! 난, 절대 안 한다.

조선의 숭유억불 정책 때문에 전에는 승려들의 도성출입이 금지되었으나 대 일본제국의 테라우치 총독께서 사찰령을 선포한 뒤 마음대로 출입을 하게 되었으니 얼마나 고마운 일입니까!

맞습니다! 테라우치 전 총독께서 사찰령을 선포하신 것은 정말 잘 하신 겁니다.

1937년 2월 26일 조선총독부회의실 31본산주지회의

벌떡~!

미나미 총독! 똑똑히 들으시오!

한일합방 이전에는 불교를 욕되게 하는 파계승이 생기면 북을 등에 지고 두들기게 하고 절 밖으로 내 쫓았소!

그러나 합방 이후 조선의 모든 절을 손아귀에 넣고 통제하기 위한 사찰령이 시행되면서부터 일본 불교의 영향을 받아 조선의 모든 승려가 파계승이 되고 말았소!

헉!

한 승려를 파계시켜도 무간지옥에 떨어진다고 하였거늘 조선의 7천 승려를 모두 파계시킨 공로밖에 없는 테라우치 전 총독과 당국자들은 어디로 가겠는가?!

핫하하! 깜짝 놀랐소. 설마 장난감일 줄이야!

왜 그러세요?

음.

유림의 인사가 한 명도 없어서 좀 아쉽군.

유교? 그쪽이라면,

면우 곽종석 선생이 있질 않소?

그렇지! 내 며칠 간 어디 좀 다녀오겠소.

만해 선생?! 허, 빠르기도 하네.

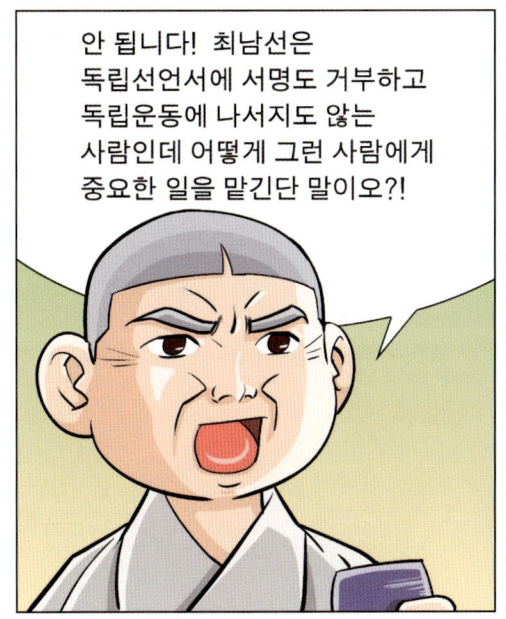

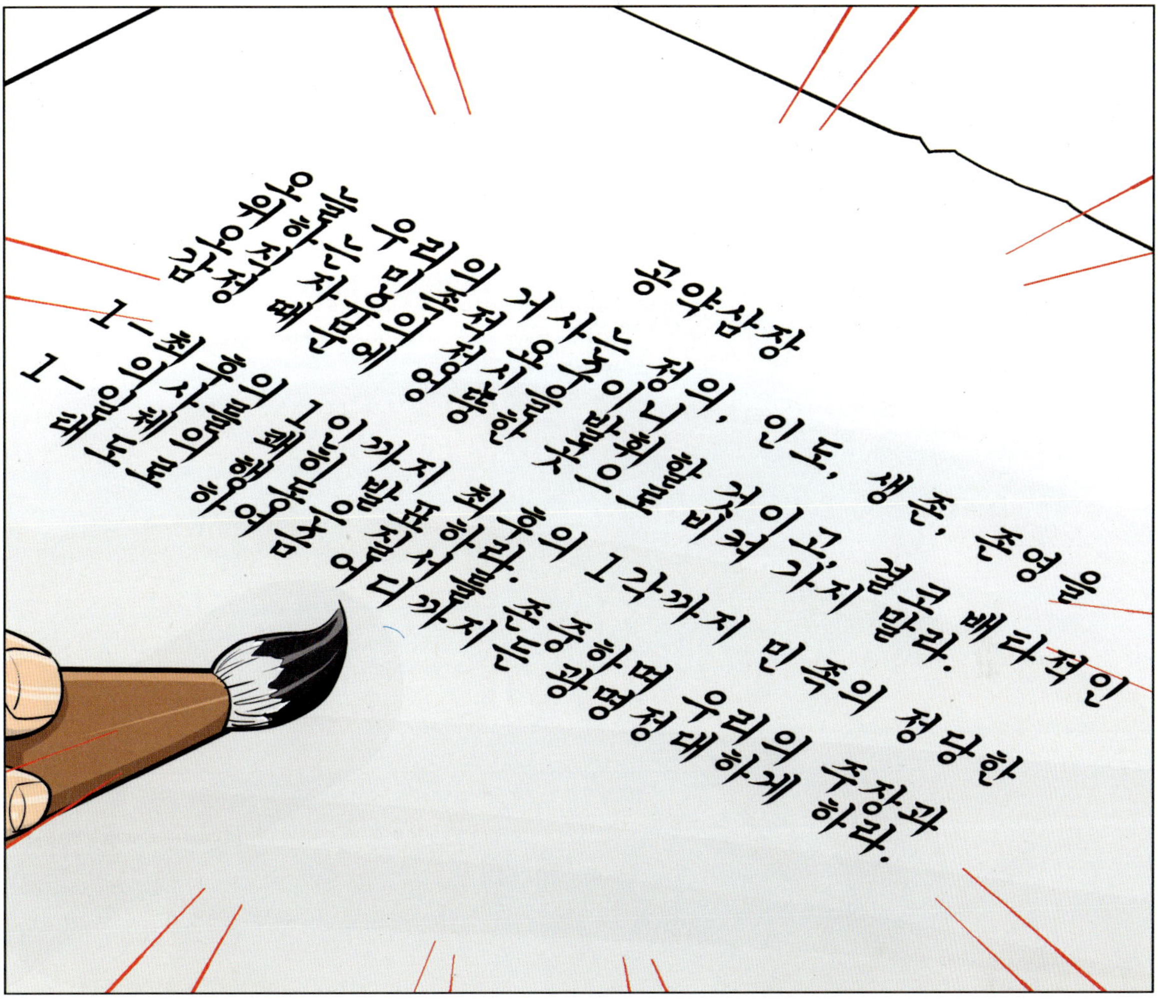

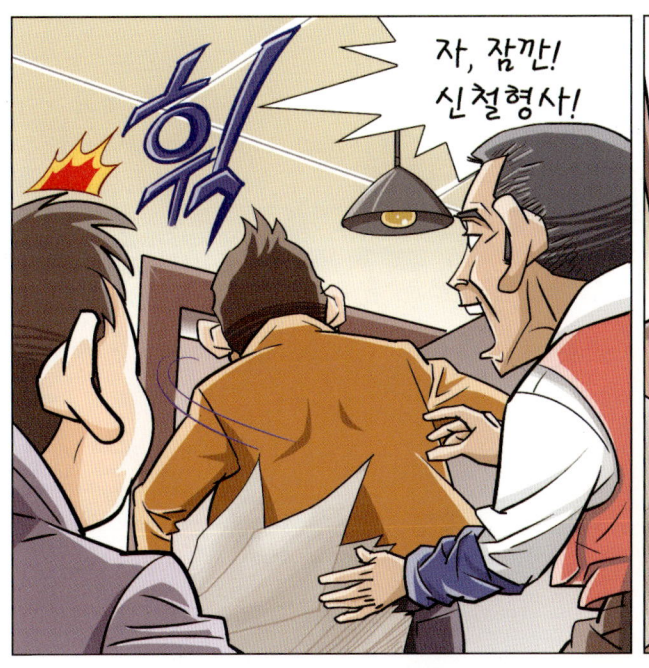

으음! 벌써 두 시가 돼가니 더 이상 기다릴 수가 없군.

탑골공원에는 이미 학생들과 많은 사람들이 모여 기다리고 있습니다.

만해 선생님! 시간이 없습니다.

대한독립 만세!
대한독립 만세!

대한독립 만세!

아아…! 이젠 죽어도 여한이 없다!

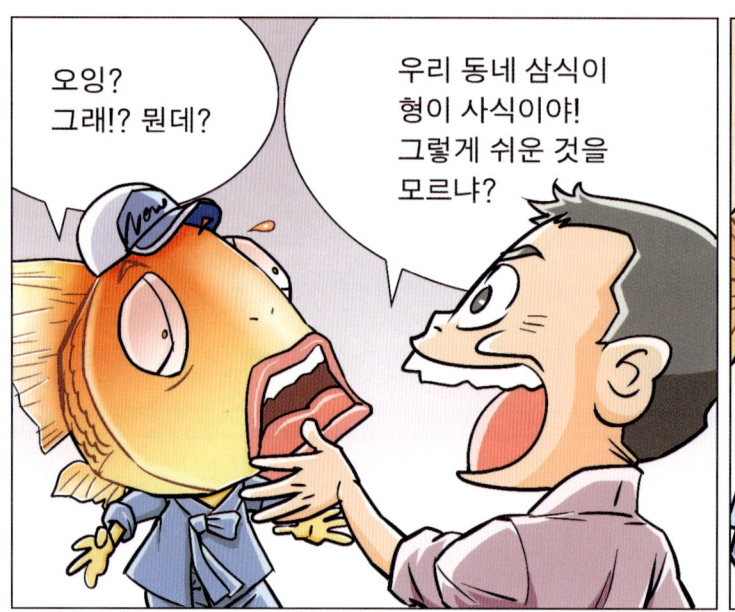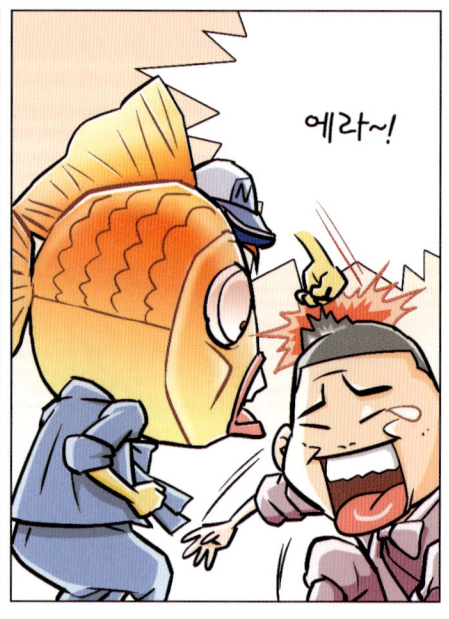

으으. 끔찍하군!

똑바로 말해라!

폭동을 일으키려고 한 사람은 몇 명이나 더 있나!?

포, 폭동은 절대 아니오!

86

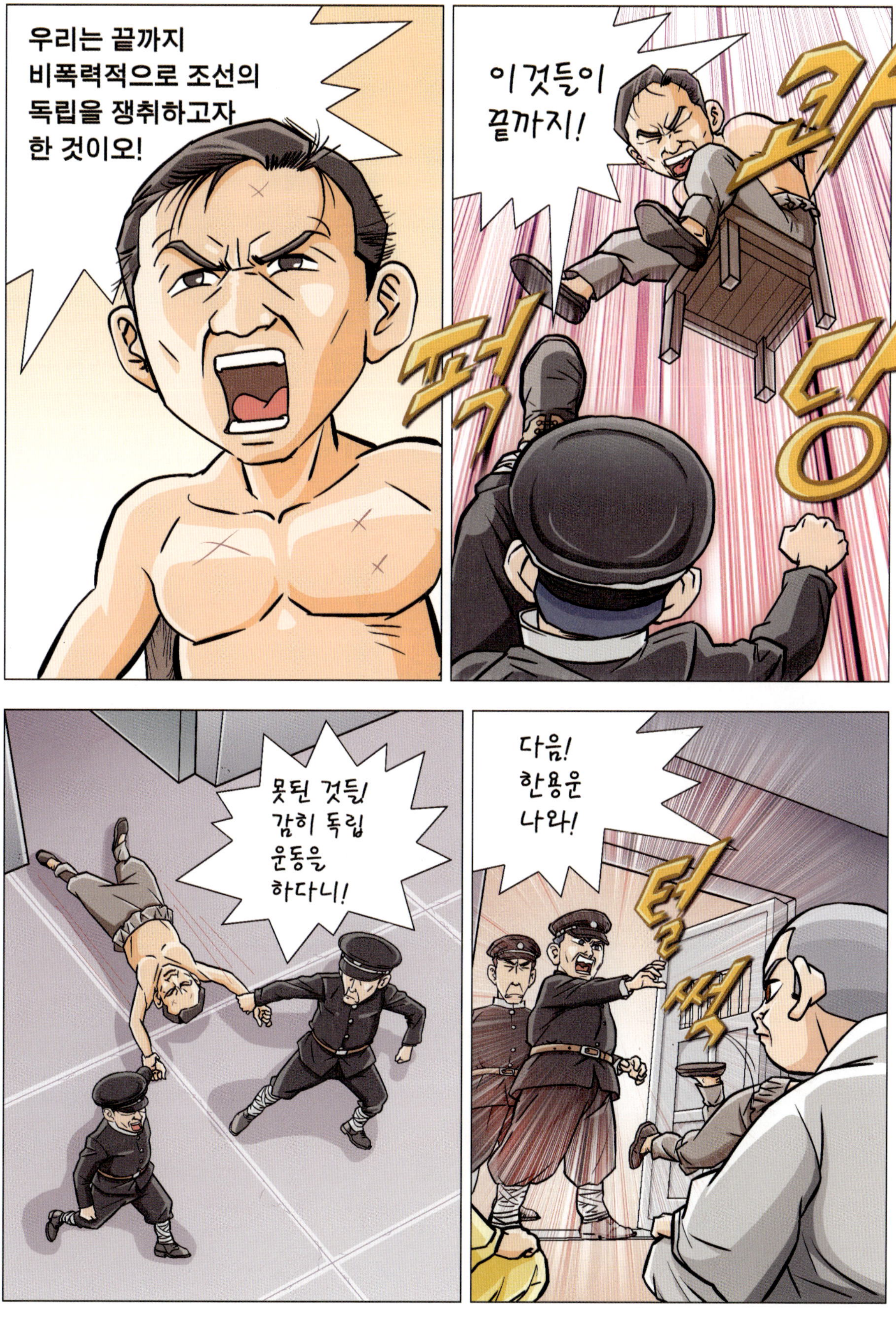

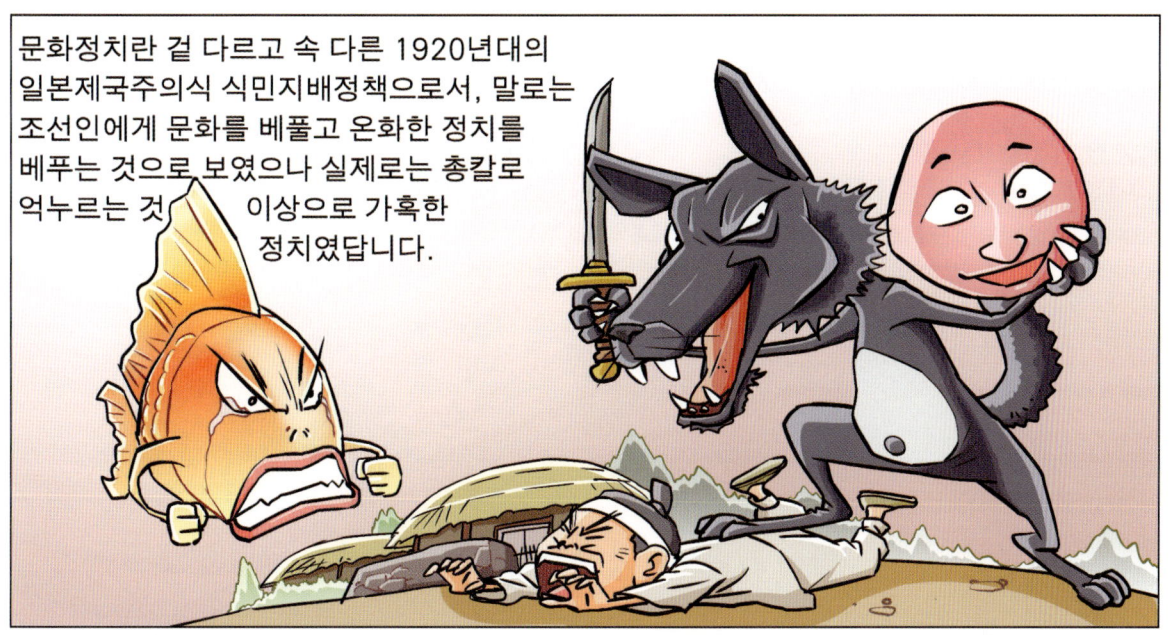

자신의 힘만 믿고 남의 나라를 침범하여 빼앗는다면 너희들은 머지않아 국제사회에서 고립당하여 마침내 패망하고 말 것이다!

님은 갔습니다. 아아, 사랑하는 나의 님은 갔습니다.
푸른 산빛을 깨치고 단풍나무 숲을 향하여 난 작은 길을 걸어서
차마 떨치고 갔습니다.
황금의 꽃같이 굳고 빛나던 옛 맹세는 차디찬 티끌이 되어서
한숨의 미풍에 날아갔습니다.
날카로운 첫 키스의 추억은 나의 운명의 지침을 돌려놓고
뒷걸음쳐서 사라졌습니다.
나는 향기로운 님의 말소리에 귀먹고 꽃다운 님의 얼굴에 눈멀었습니다.
사랑도 사람의 일이라 만날 때 미리 떠날 것을 염려하고 경계하지 아니한 것은
아니지만 이별은 뜻밖의 일이 되고 놀란 가슴은 새로운 슬픔에 터집니다.
그러나 이별을 쓸데없는 눈물의 원천으로 만들고 마는 것은 스스로 사랑을
깨치는 것인 줄 아는 까닭에 걷잡을 수 없는 슬픔의 힘을 옮겨서 새 희망의
정수박이에 들어부었습니다.
우리는 만날 때에 떠날 것을 염려하는 것과 같이
떠날 때에 다시 만날 것을 믿습니다.
아아 님은 갔지마는 나는 님을 보내지 아니하였습니다.
제 곡조를 못 이기는 사랑의 노래는 님의 침묵을 휩싸고 돕니다.

*시 '님의 침묵'은 만해스님께서 감옥에서 나온 후 1926년 발간한 시집입니다.

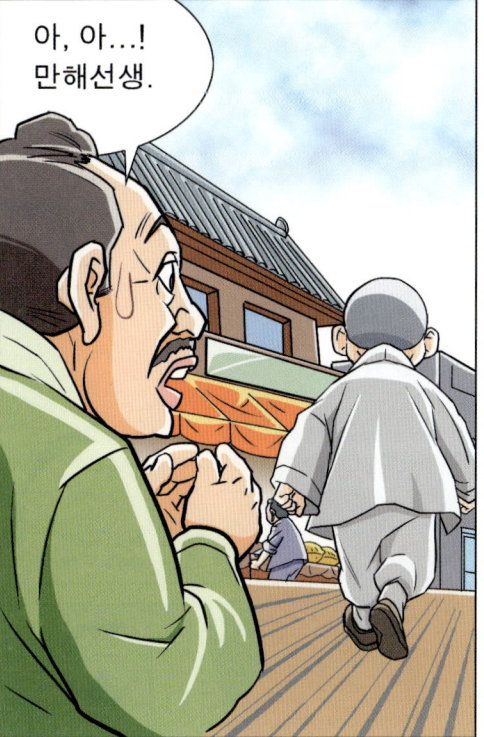

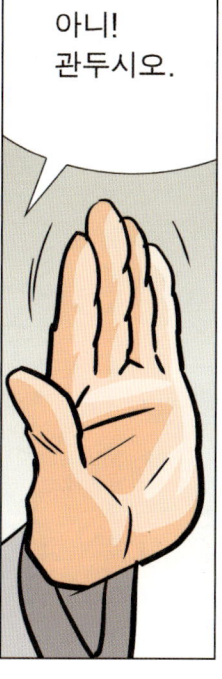

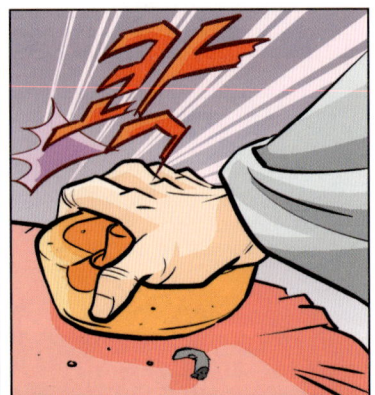

서민자래란, 시경에 나오는 고사로 어진 임금이 집을 짓는데 아들들이 아버지 일을 도우러 오듯 민중들이 스스로 도우러 와 하룻만에 집을 지었다는 뜻입니다. 신궁 낙성식장에 사람들이 많이 모인 것을 두고 일제를 찬양하는 말이었으니 스님께서 가만히 있었을 리 없지요.

당시 일본은 우리나라의 부여를 신성한 곳으로 정하여 신궁을 짓고 있었다.

일본이 부여를 성지로 선택한 데는 이유가 있었습니다.

으음...어떡하면 조선을 완벽하게 일본화 시킬까?

그렇지! 부여는 옛날 백제가 있던 땅이었다는 점을 이용하자.

바보 같은 조선인들은 부여를 성지화한다면 아주 좋아할 것이 틀림없어.

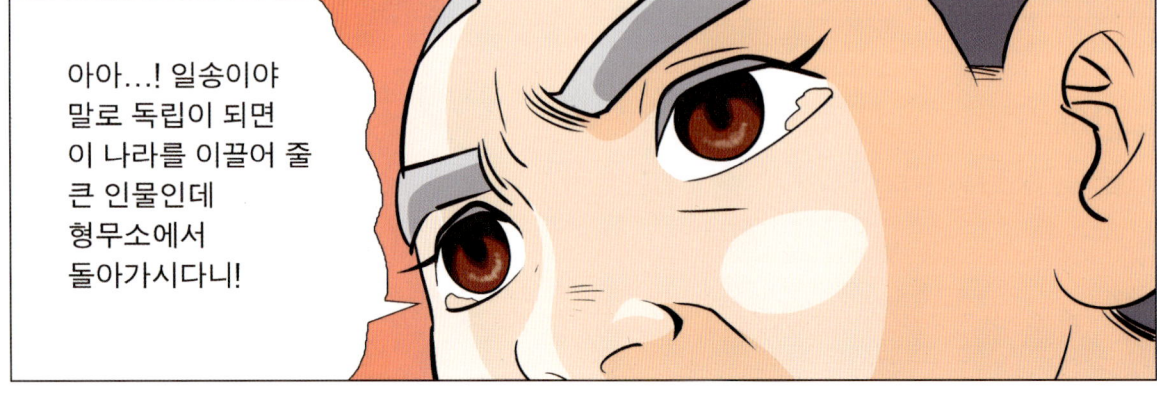

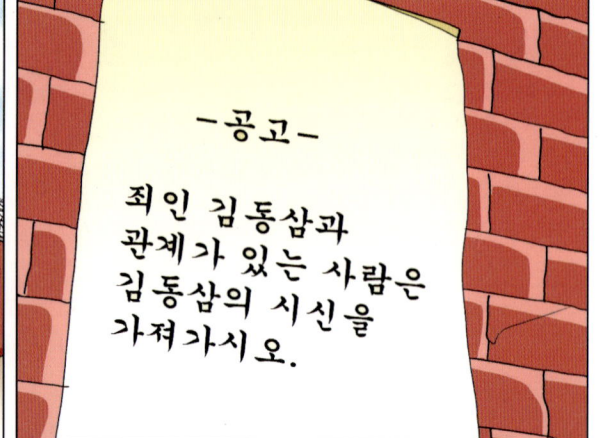

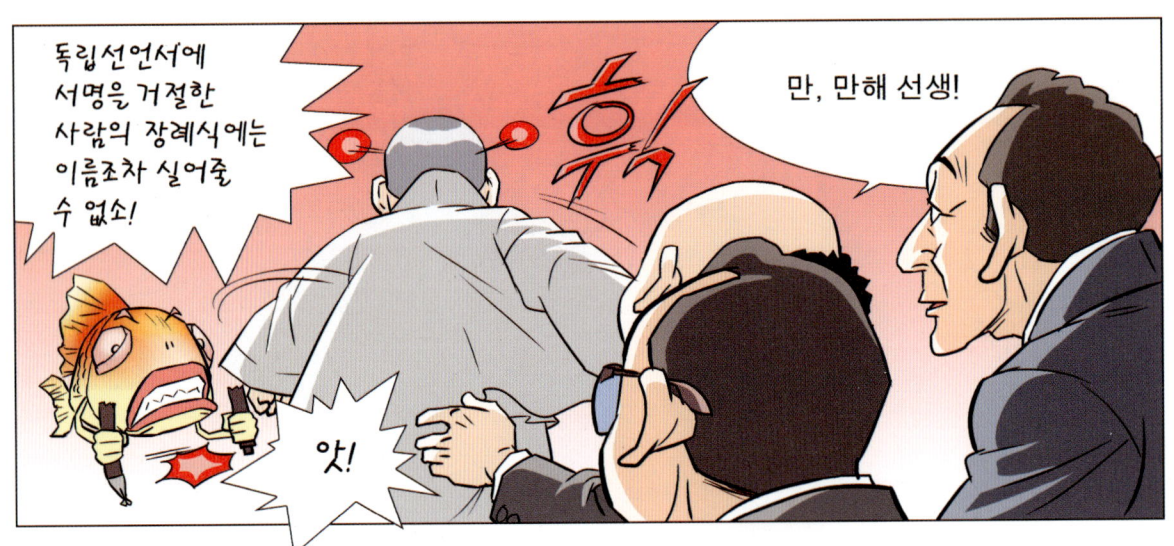

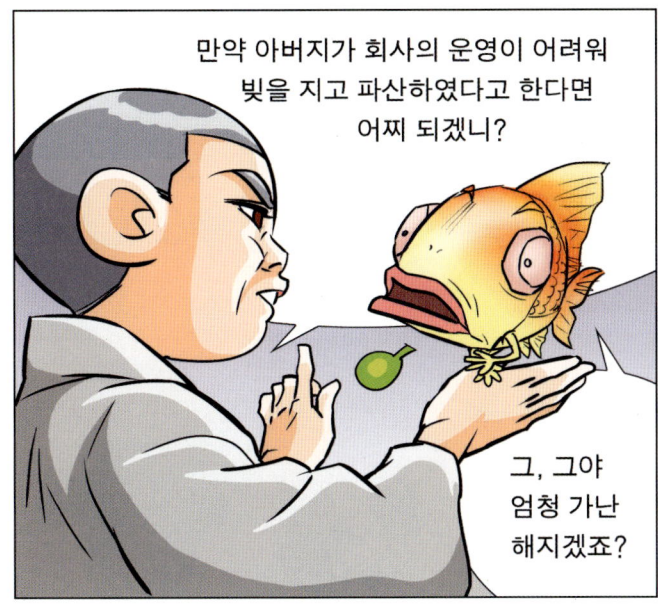

지식인의
앎(지:知)은
치(치:痴)일세

知

종교?
우주여행 시대에
그런 게 뭐가
필요해?
내 지식과
과학을
믿어야지.

앗!
한자를
나눠 보니
진짜 그렇네!

병질
엄!

알
지!

아는 게
병이라는
말이군!
허허허!

이보게! 만해.
그래서 하는
말인데 말일세.

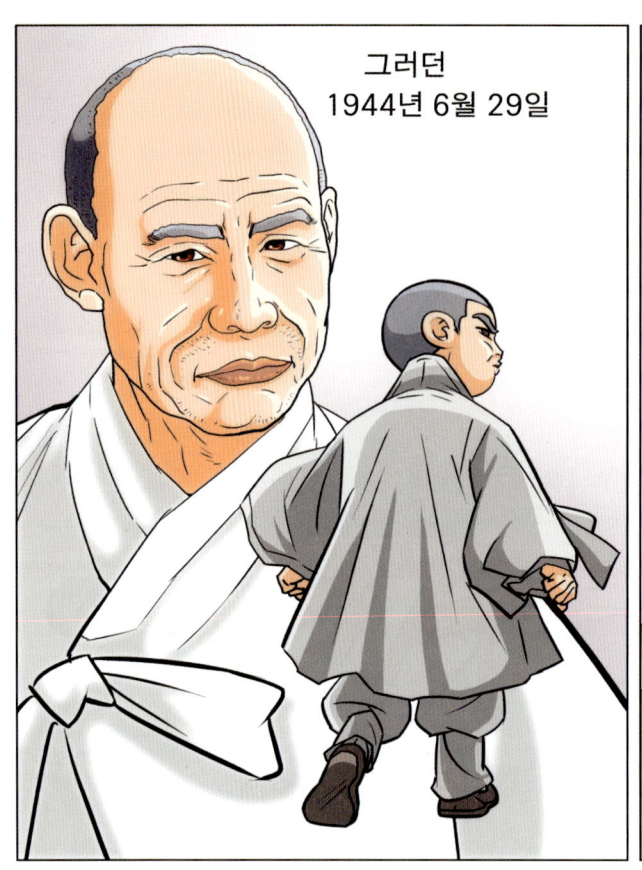

그러던
1944년 6월 29일

매화꽃처럼 고고하고
대쪽같은 성격으로
나라를 위해 몸을 아끼지 않았던
스님께선 아무 말씀도
남기지 않고 돌아가셨습니다.

그토록 온 마음을 다 바쳐 바라시던 조국의 해방을 겨우 1년 앞두고 허망하게 돌아가시고 말았습니다.

부처님! 오늘로서 천일기도의 마지막 날입니다. 이 늙은 불자의 소원이 부디 이루게 해 주십오!

스님!

스님! 우리나라가 해방되었답니다! 독립이 되었다고요!!!

## 알 수 없어요

바람도 없는 공중에 수직의 파문을 내이며
고요히 떨어지는 오동잎은 누구의 발자취입니까.
지리한 장마 끝에 서풍에 몰려가는
무서운 검은 구름의 터진 틈으로
언뜻언뜻 보이는 푸른 하늘은 누구의 얼굴입니까.
꽃도 없는 깊은 나무에 푸른 이끼를 거쳐서
옛 탑 위의 고요한 하늘을 스치는
알 수 없는 향기는 누구의 입김입니까.
근원은 알지도 못할 곳에서 나서 돌부리를 울리고
가늘게 흐르는 작은 시내는 굽이굽이 누구의 노래입니까.
연꽃 같은 발꿈치로 가이없는 바다를 밟고
옥 같은 손으로 끝없는 하늘을 만지면서 떨어지는 날을
곱게 단장하는 저녁놀은 누구의 시입니까.
타고 남은 재가 다시 기름이 됩니다.
그칠 줄을 모르는 타는 나의 가슴은
누구의 밤을 지키는 약한 등불입니까.

만해스님-끝

**글・그림 정수일**

전남 청산도에서 태어나, 한국방송통신대학교 국문학과를 졸업하였다.
1977년 만화계 입문 이후 다양한 영역의 만화작품뿐 아니라 만평과 캐리커쳐 등 다방면에 걸쳐 활발한 활동을 하고 있다.
주요 작품으로 불교만화에 『왕눈이 스님』, 『춤추는 스님, 원효대사』, 『나라를 구한 스님, 사명대사』, 『부처님 지혜를 배우는 불교우화 41가지』, 『만화로 보는 부처님 전생이야기』, 『부처님이 들려주는 옛날이야기』 등이 있으며, 청소년 및 동화만화에 『죽을래 살래』, 『49가지 습관 동화』, 『세계대표동화 60선』, 『참 쉬운 경제동화』 등이, 삽화류에 『파브르곤충기』(전10권), 『위대한 일화의 재발견』 등이 있다.

홈페이지-http://www.drawing라훌라.kr

**독립운동가이자 시인, 만해 한용운**

**초판 1쇄 인쇄** 2012년 3월 14일
**초판 1쇄 발행** 2012년 3월 21일

**글・그림** 정수일
**펴낸이** 김시열
**펴낸곳** 도서출판 운주사

(136-036) 서울시 성북구 동소문동4가 270번지 성심빌딩 3층
**전화** (02) 926-8361 팩스 0505-115-8361
http://cafe.daum.net/unjubooks〈다음카페: 도서출판 운주사〉
ISBN 978-89-5746-308-6 77220
값 12,000원